RITUEL

DES

ADORATEURS DE DIEU

ET AMIS DES HOMMES;

Contenant l'ordre des Exercices de la Théophilantropie, et le Recueil des Hymnes adoptés dans les différens Temples, tant de Paris, que des départemens.

Rédigé, quant à la partie des invocations et formules, par J. B. CHEMIN; *publié et distribué par le même, quant à la partie des Chants.*

NOUVELLE ÉDITION.

A PARIS,

Chez l'éditeur, rue de la Harpe, n°. 307, près celle du Foin.

An VII.

AVIS.

On ne doit pas s'effrayer de la dénomination de *Rituel*. Nous ne prétendons pas, sous ce titre, présenter une Liturgie sacrée. Rien n'est sacré dans le culte de la Religion naturelle, que les principes éternels de la Morale. Il a bien fallu indiquer des formules et un certain ordre pour la publication de ces principes. Mais ce ne sont pas ces formules, ce n'est pas cet ordre qui constituent la Religion; c'est la profession et la pratique d'une morale pure, douce, universelle, propre en un mot à unir tous les hommes par les liens de la véritable fraternité.

On trouve à la même adresse et séparément:

1°. Soit la musique, soit le plain-chant des Hymnes.

2°. Les accompagnemens pour Forte-piano et Orgue, *format in-4°.*

3°. Les Livres de la Théophilantropie, *formats in-12 et in-18.*

C'est sur-tout par rapport aux Hymnes, que j'engage les citoyens à se défier des recueils tronqués ou infidèles qu'on pourrait leur présenter, et à s'adresser directement à moi, ainsi que pour les ouvrages élémentaires de la Théophilantropie. Ils sont tous revêtus de ma signature.

RITUEL.

PREMIÈRE PARTIE.

Exercices généraux.

CHAPITRE PREMIER.

Exercice du jour de repos (1).

PREMIÈRE PARTIE DE L'EXERCICE.

HYMNE, N°. I.

CHANT D'INTRODUCTION.

(Pendant ce chant, des enfans, ou le

---

(1) Voyez le paragraphe 11, Chapitre III, du *Manuel.*

lecteur, (1) déposent, sur l'autel, la corbeille de fleurs ou de fruits. On peut aussi brûler de l'encens.)

I.

Adorateurs de l'Éternel (2)

Qui dans tout homme $\begin{Bmatrix} \text{aimez} \\ \text{aimons} \end{Bmatrix}$ un frère,

Enfans chéris du même père,
Silence... amour... respect autour de son autel,
Silence... amour... respect autour de son autel.

Le Chœur reprend.

---

(1) On a pensé, pour que les lecteurs parussent sous un habit qui fût toujours également simple, propre et décent, qu'*il seroit bon qu'ils eussent, dans les exercices publics, un costume particulier*, qui consisterait en une tunique, bleu céleste, prenant depuis le col jusqu'aux pieds, ceinture rose, et robe blanche par-dessus, ouverte en devant.

(2) Si le chef de famille qui fait les premières lectures, sait le chant, il exécutera celui-ci, ainsi que les quatre premiers vers du cantique : *Quelle fête ! ô mes fils*, etc.

I I.

Éternel, écoute nos chants,
O toi, dont l'essence profonde

Pour donner de la consistance au culte public de la religion naturelle, il serait à souhaiter qu'il y eût, à chaque temple, un instituteur et une institutrice qui sussent les chants, et qui fussent en état de les apprendre à leurs jeunes élèves. On formerait des chœurs d'enfans dans les exercices publics, pour chanter les hymnes. Comme il n'y a et ne doit y avoir dans ce culte presque d'autres frais que ceux de musique, les recettes les plus modiques suffiraient.

Il faudrait aussi que l'instituteur fût en état de surveiller l'exercice du culte dans le temple où il aurait son école, et même de le diriger au besoin. Quoiqu'il n'eût et ne dût avoir pour cela aucune rétribution, sa surveillance n'en serait pas moins active, parce qu'il y serait intéressé à cause de l'école théophilantropique, dont il ferait son état. Après avoir instruit les enfans pendant le cours de la décade, il ferait, le jour de repos, l'instruction morale à ses concitoyens; et il n'au-

Est l'ame et le ressort du monde !
Père des nations, écoute tes enfans !

___

rait besoin, pour ce dernier objet, que d'être aidé et dirigé lui-même par un conseil de quelques pères de famille, *éclairés et gens de bien*, que ces petits travaux ne dérangeraient pas de ceux de leur profession.

Le culte est déjà organisé d'après ces vues simples, dans plusieurs temples de Paris, et le plus heureux succès en est le résultat.

Il est inutile de dire que la Théophilantropie n'étant point une secte, mais une institution de morale universelle, les écoles théophilantropiques sont de véritables écoles primaires. On n'y enseigne d'autres livres que ceux adoptés pour celles-ci. Le livre même d'après lequel on fait l'instruction morale des enfans, et qui est intitulé : *Instruction élémentaire sur la morale religieuse, par demandes et par réponses*, par J. B. CHEMIN, est si éloigné d'avoir le cachet d'une association particulière, que le jury d'instruction l'a adopté pour être enseigné dans les écoles primaires.

Père des nations, écoute tes enfans !

Les assistans reprennent en chœur:

Eternel, &c.

(Après ce chant le chef de famille dit :)

« Recueillons nos pensées ; élevons nos ames : nous allons adorer le grand Être, et apprendre à devenir plus heureux en devenant plus vertueux. Déposons sur-tout nos ressentimens, et n'adressons nos vœux et nos offrandes à la Divinité, qu'avec un cœur pur et ami de tous nos semblables ».

(Il récite l'invocation suivante, et invite les assistans à se tenir debout.)

« Père de la nature, nous bénissons tes bienfaits, nous te remercions de tes dons.

» Nous admirons le bel ordre de choses que tu as établi par ta sagesse, et que tu maintiens par ta providence, et nous nous soumettons pour toujours à cet ordre universel.

» Nous ne te demandons pas le pouvoir de bien faire : tu nous l'as donné ce pouvoir, et, avec lui, la conscience pour aimer le bien, la raison pour le connaître, la liberté pour le choisir. Nous n'aurions donc pas d'excuse si nous faisions le mal. Nous prenons devant toi la résolution de n'user de notre liberté que pour faire le bien, quelques attraits que le mal paraisse nous présenter.

» Nous ne t'adresserons point d'indiscrètes prières : tu connais les créatures sorties de tes mains ; leurs besoins n'échappent pas plus à tes regards que leurs plus secrètes pensées. Nous te prions seulement de redresser les erreurs du monde et les nôtres; car presque tous les maux qui affligent les hommes proviennent de leurs erreurs.

» Pleins de confiance en ta justice, en ta bonté, nous nous résignons à tout ce qui arrive ; notre seul desir est que ta volonté soit faite.

» Daigne agréer, avec nos chants, l'offrande de nos cœurs et l'hommage des présens de la terre que nous venons de déposer sur ton autel, en signe de notre reconnaissance pour tes bienfaits ».

(Dans les saisons du printems et de l'été, on chante l'hymne suivant :)

HYMNE, N.º II. (1)

Une Voix, ou un Chœur.

Quelle fête, ô mes fils ! inspirant vos cantiques,
Presse un peuple attentif autour de ces portiques ?
Sur cet autel orné des simples dons des champs,
    Quel Dieu recevra votre encens ?   (*bis.*)

Une autre voix, ou un autre chœur.

C'est le père commun de tout ce qui respire,
Inconnu du méchant, mais que le sage admire.
* C'est le Dieu juste et bon, le Dieu dont les décrets
Couronnent les vertus, punissent les forfaits.
  * Au refrain.

---

(1) S'il y a des hymnes dont on craint que le chant ne soit trop long, on en supprime une ou plusieurs strophes, ou l'on fait exécuter une strophe sur deux alternativement, par l'orgue.

I I.

Quel mortel jusqu'à lui se flatterait d'atteindre ?
On le défigura quand on voulut le peindre;
C'est de-là que naquit cette foule d'erreurs,
    Patrimoine des imposteurs,   (*bis.*)
Qui créant, pour eux seuls, de sanglans sacrifices,
Ont placé, sans rougir, leurs fureurs et leurs vices,
* Sur l'autel profané du Dieu dont les décrets
Couronnent les vertus, punissent les forfaits.

I I I.

Cet esprit infini que le nôtre contemple,
Ne s'est point renfermé dans l'enceinte d'un temple.
Le monde qu'il créa, le monde est son autel,
    Et son prêtre chaque mortel.   (*bis.*)
Tout vit de sa bonté, depuis l'aigle superbe,
Jusqu'à l'insecte obscur, enseveli sous l'herbe.
* Plus qu'eux, l'homme a besoin d'un Dieu dont
    les décrets
Couronnent les vertus, punissent les forfaits.

I V.

Qu'il soit le juste espoir du faible qu'on dédaigne,
Au faîte des grandeurs que l'oppresseur le craigne,
  * Au refrain.

Insensibles aux pleurs que vous faites couler,
    Méchans, apprenez à trembler.   (*bis.*)
C'est en vain qu'élevant vos insolentes têtes,
Vous croyez votre orgueil à l'abri des tempêtes :
* Vous êtes sous la main du Dieu dont les décrets
Couronnent les vertus, punissent les forfaits.

V.

Dans nos affections, il mit sa bienfaisance.
Ah ! quiconque eut un cœur, crut à son existence,
Un Dieu seul put donner ces sentimens si doux,
    Et des pères et des époux.   (*bis.*)
Amitié, plaisirs purs, qui charmez notre vie,
Intérêt si puissant qu'inspire la patrie,
* Vous élevez mon ame au Dieu dont les décrets
Couronnent les vertus, punissent les forfaits.

V I.

A cet espoir heureux où sa bonté m'appelle,
Mon ame, je le sens, mon ame est immortelle.
D'où lui vient, en effet, cet éternel desir
    Qui la porte vers l'avenir ?   (*bis.*)
C'est qu'une voix secrète incessamment nous crie :
Humains, pour le bonheur, il est une autre vie.
* Cherchez-la dans le sein du Dieu dont les décrets
Couronnent les vertus, punissent les forfaits.

   * Au refrain.

(Dans les saisons de l'automne et de l'hiver, on chante l'hymne suivant :)

HYMNE N°. III.

I.

Père de l'univers, suprême intelligence,
Bienfaiteur ignoré des aveugles mortels,
Tu révélas ton être à la reconnaissance,
    Qui seule éleva tes autels !   (*bis.*)
(*Les assistans répètent chaque strophe en chœur.*)

II.

Ton temple est sur les monts, dans les airs, sur les
    ondes.
Tu n'as point de passé, tu n'as point d'avenir ;
Et sans les occuper, tu remplis tous les mondes
    Qui ne peuvent te contenir.   (*bis.*)

III.

O toi, qui du néant, ainsi qu'une étincelle,
Fis jaillir dans les airs l'astre éclatant du jour,
Fais plus.... verse en nos cœurs ta sagesse éternelle ;
    Embrâse-nous de ton amour !   (*bis.*)

(*Le même chef de famille, qui a fait l'invocation, lit ce qui suit :*)

Examinons devant Dieu, si, depuis la dernière fête religieuse, nous avons rempli tous les devoirs qu'il nous a imposés envers nous-mêmes, envers notre famille, envers la société. Rien de plus important que cet examen. N'ayant été placés sur la terre que pour travailler à la perfection de notre être et au bonheur de nos semblables, nous ne remplirons le but du créateur qu'en nous corrigeant de nos vices, et en nous fortifiant dans la pratique de toutes les vertus.

(*Le lecteur fait un moment de silence, pendant lequel chacun se rend compte, tacitement à* lui-même, de la manière dont il a rempli ses devoirs. Il aide quelquefois cet examen, en lisant tout ou partie des questions suivantes :)

Devoirs envers nous-mêmes.

Avons-nous cherché à acquérir et à perfectionner en nous cette science dont personne n'est dispensé, celle qui nous procure des ressources et des moyens pour subsister, qui donne la prudence et la sagesse, et qui garantit des erreurs funestes que produit l'ignorance ?

(Un moment de repos après chaque question.)

Avons-nous été sobres et chastes ?

Avons-nous énervé la force de notre corps et de notre ame, en nous abandonnant à la paresse, à l'oisiveté, mère de tous les vices ?

Avons-nous usé de la bonne fortune avec modération, et supporté l'adversité avec courage ?

Avons-nous entretenu, tant dans n[os]
vêtemens que dans notre habitation, ce[tte]
propreté qui accompagne ordinaireme[nt]
la pureté de l'ame, et qui préserve [le]
corps d'une foule d'incommodités et [de]
maladies graves ?

Devoirs envers notre famille.

Chefs de famille, savons-nous régle[r]
l'administration de notre maison avec un[e]
sage économie, qui préserve, nous e[t]
notre famille, de la pauvreté, de la mi[-]
sère, de l'avilissement qu'entraîne la pro[-]
digalité ?

Avons-nous pour nos enfans un amou[r]
assez éclairé pour leur faire contracter de
bonne heure l'habitude de la vertu ?

Epoux, entretenons-nous par des égards
et des attentions réciproques, la paix,
l'amitié, la concorde, dont l'absence
remplirait notre maison de troubles, pro-
duirait les infidélités, ferait négliger l'é[-]

ducation des enfans, et entraînerait une foule de désordres ?

Avons-nous pour les auteurs de nos jours tout le respect, toute la déférence, le pieux attachement dont la nature et la reconnaissance nous font un devoir?.... Enfans, vous devez voir un second père dans celui qui vous donne l'instruction.

Conservons-nous avec nos frères cette union qui fait la prospérité des familles?... Rien ne doit rompre des nœuds que la nature elle-même a formés.

Traitons-nous nos subordonnés avec cette douceur et cette fermeté qui concilient l'amour et le respect?.... Sommes-nous justes envers eux?

Subordonnés, remplissons-nous nos devoirs avec zèle, fidélité et affection?

Devoirs envers la Société.

Observons-nous envers nos semblables la justice, qui nous défend de faire aux autres ce que nous ne voudrions pas qu'on nous fît, et la bienveillance qui nous commande de faire pour eux ce que nous voudrions qu'ils fissent pour nous ?

Avons-nous rempli toutes les obligations que nous imposent la justice et la bienveillance :

Celle d'aimer notre prochain comme nous-mêmes ;

De faire du bien à tous, même à nos ennemis ?

De respecter l'honneur, les propriétés et tous les droits de nos semblables ?

De supporter leurs défauts ; d'avoir de l'indulgence pour leurs erreurs ?

Avons-nous été fidèles aux loix de l'amitié ?

Avons-nous à nous reprocher des actes contraires à l'humanité, à la douceur, à la modestie, à la simplicité des mœurs, à la sincérité et à la bonne-foi, à la reconnaissance, à l'amour de la patrie et au respect pour les lois, vertus qui toutes sont nécessaires à la conservation et au bonheur de l'homme en société ?

Nous sommes-nous arrêtés à la pensée d'une mauvaise action ?

(L'examen de conscience est immédiatement suivi de l'invocation :)

« Père des humains, en passant en revue tous nos devoirs envers nous-mêmes, envers notre famille, envers la société, nous reconnaissons que tu nous as liés à la pratique de ces devoirs par notre propre intérêt, et que la vertu seule peut faire notre bonheur, même dans cette vie passagère. Nous te remercions de ce bienfait, qui est une nouvelle preuve de ta bonté infinie. Ah ! si tous les hommes étaient assez éclairés pour voir combien le vice entraîne de désordre funestes à eux-mêmes et à la société[?] ils seraient tous vertueux, et cet[te] terre serait un lieu de délices. Il e[st] donc bien vrai que presque tous l[es] maux qui affligent les hommes, pr[o]viennent de leurs erreurs et de leu[r] ignorance. Corrige, Dieu bon, c[e] fatal aveuglement, et inspire à te[s] enfans le desir de s'instruire.

« Nous te supplions d'enseveli[r] nos fautes dans la nuit des tems, en faveur du bien que nous avons voulu faire. Nous prenons devant toi la résolution de devenir meilleurs, et de remplir le but pour lequel tu nous as placés sur la terre, en travaillant, par de bonnes actions, à la perfection de notre être et au bonheur de nos semblables ».

(On chante successivement, pendant trois mois (1), un des quatre hymnes suivans, dont le lecteur annonce le premier vers :)

Pendant le Printems.

HYMNE, N°. IV.

I.

Les cieux instruisent la terre
A révérer leur Auteur ;
Tout ce que leur globe enserre
Célèbre un Dieu créateur.   bis.
Quel plus sublime cantique,
Que ce concert magnifique
De tous les célestes corps ?
Quelle grandeur infinie,
Quelle divine harmonie
Résulte de leurs accords !

---

(1) Comme il y a également de l'inconvénient à trop varier les chants, et à ne pas les varier du tout, on a cru tenir un juste milieu en les distribuant par trimestre.

Le Chœur.

Les cieux instruisent la terre
A révérer leur Auteur.
Tout ce que leur globe enserre
Célèbre un Dieu créateur.   *bis.*

II.

De sa puissance immortelle
Tout parle, tout nous instruit :
Le jour au jour la révèle,
La nuit l'annonce à la nuit.   *bis.*
Ce grand et superbe ouvrage
N'est point pour l'homme un langage
Obscur et mystérieux ;
Son admirable structure
Est la voix de la nature,
Qui se fait entendre aux yeux.

Le Chœur.

Les cieux, etc.

III.

Dans une éclatante voûte,
Il a placé de ses mains,
Ce soleil qui, dans sa route,
Eclaire tous les humains. *bis.*
Environné de lumière,
Cet astre ouvre sa carrière,
Comme un époux glorieux,
Qui, dès l'aube matinale,
De sa couche nuptiale
Sort brillant et radieux.

Le Chœur.

Les cieux, etc.

IV.

L'univers à sa présence
Semble sortir du néant.
Il prend sa course, il s'avance
Comme un superbe géant. *bis.*
Bientôt sa marche féconde
Embrasse le tour du monde,

Dans le cercle qu'il décrit ;
Et par sa chaleur puissante,
La nature languissante
Se ranime et se nourrit.

Le Chœur.

Les cieux, etc.

Pendant l'Eté.

HYMNE, N°. V.

I.

Suprême auteur de la nature,
Pour t'aimer tu fis les mortels.
En vain l'erreur et l'imposture
Voudraient détruire tes autels :
Dans le cœur de l'être qui pense,
Le sentiment de ta présence
Naît et s'accroît par tes bienfaits ;
(*) L'athée en vain cherche à l'éteindre ;
Son souffle encor n'a pu l'atteindre :
Il vit pour ne mourir jamais.   (*ter.*)

II.

I I.

Et toi, de qui l'ame égarée,
Dans le hasard seul met sa foi,
Vois des cieux la voûte azurée
Se déployer autour de toi :
Vois dans leur course régulière
Ces globes, sources de lumières,
Toujours roulans, toujours en feu ;
(*) Vois les saisons ; vois la nature ;
Et si ton cœur n'est pas parjure,
Diras-tu qu'il n'est pas de Dieu. (*ter.*)

(*) Au refrain.

Pendant l'Automne.

HYMNE, N°. VI.

I.

Homme, adore un Être-Suprême,
Dit Zoroastre (1) au Bactrien (2).

---

(1) Philosophe indien.
(2) Peuple de l'Inde.

B

Avant d'être, tu n'étais rien :
As-tu su te créer toi-même ?
(*) Homme, adore un Être-Suprême ;
Il est ton père et ton soutien ;
Il te nourrit, t'éclaire et t'aime ;
Proscris le mal et fais le bien.

II.

Homme, crains de faire à ton frère,
Ce que tu craindrais qu'il te fît ;
La voix de ton cœur te le dit :
Nous n'avons tous qu'un même père.
(*) Dans le besoin donne à ton frère
Les soins de la fraternité ;
C'est un échange nécessaire,
C'est le vœu de l'humanité.

III.

Des lenteurs de l'expérience
Le ciel t'épargna le besoin :
De tes actes juge et témoin,
En toi veille ta conscience.

(*) Au refrain.

(*) Si tu sens quelque défiance
Au moment où tu vas agir,
Abstiens-toi : voilà la science
Qui mène à ne jamais rougir.

Pendant l'Hiver.

HYMNE, N°. VII.

I.

De votre Dieu, de vos semblables,
Accourez, sincères amis ;
Avec ces titres respectables,
Parmi nous vous serez admis.
(*) Cette enceinte heureuse et sacrée,
S'ouvre aux cœurs purs et bienveillans ;
Déposez } loin de son entrée
Déposons }
Jusqu'aux moindres ressentimens.

II.

D'un Dieu nous croyons l'existence
Et nous bénissons sa bonté.

(*) Au refrain.

Nous croyons à la providence,
A l'ame, à l'immortalité.
(*) De ce symbole élémentaire
Si nous ne voulons rien ôter,
Nous n'interrogeons point un frère
Sur ce qu'il y veut ajouter.

III.

Dieu qui d'aimer sa bienfaisance
A fait un devoir à nos cœurs,
En bornant notre intelligence
Fit une excuse à nos erreurs.
(*) D'un cœur droit les erreurs légères
Trouvent ainsi grace à ses yeux.
Ne réprouvons donc point nos frères :
Nous pouvons nous tromper comme eux.

IV.

Sectes qui partagez la terre,
Accordez vous, vivez en paix.
Qu'un zèle aveugle et sanguinaire
S'éteigne entre vous pour jamais.

(*) Au refrain.

(*) De Dieu tout l'univers atteste
La bienfaisance et la grandeur.
Mais à disputer sur le reste,
On perd le tems et le bonheur.

(*) Au refrain.

Seconde partie de l'exercice.

(Le même chef de famille fait, dans *l'Année Religieuse*, une très-courte lecture de préceptes ; ou, aux époques indiquées, une des lectures de saison. Après cette lecture, on chante successivement, pendant trois mois, un des quatre hymnes suivans, dont le lecteur annonce le premier vers.)

Pendant le Printems.

HYMNE, N°. VIII.

I.

De l'Eternel tout célèbre la gloire,
Tout à mes yeux peint un Dieu créateur ;
De ses bienfaits perdrai-je la mémoire ?
Tout l'univers m'annonce son auteur.

L'astre du jour m'offre par sa lumière,
Un faible trait de sa vive clarté;
Au bruit des flots, à l'éclat du tonnerre,
Je reconnais le Dieu de majesté.

Le Chœur.

De l'Eternel tout célèbre la gloire,
Tout à mes yeux peint un Dieu créateur;
De ses bienfaits perdrai-je la mémoire?
Tout l'univers m'annonce son auteur.

I I.

Tendres oiseaux de ce riant bocage,
Chantez, chantez, redoublez vos concerts;
Par vos accens rendez un digne hommage
Au Dieu puissant qui régit l'univers.
Par vos doux soins, votre aimable ramage,
Vous inspirez l'innocence et la paix,
Et vos plaisirs du moins ont l'avantage
Que les remords ne les suivent jamais.

Le Chœur.

De l'Eternel, etc.

III.

Beau papillon qui d'une aîle légère,
De fleurs en fleurs voles sans t'arrêter;
De nos desirs tel est le caractère,
Aucun objet ne peut nous contenter.
Nous courons tous de chimère en chimère,
Croyant bientôt toucher au vrai bonheur;
Mais ici bas c'est en vain qu'on l'espère,
Et Dieu peut seul remplir tout notre cœur.

Le Chœur.

De l'Eternel, etc.

IV.

Aimables fleurs qui parez ce rivage,
Et que l'aurore arrose de ses pleurs,
De la vertu vous nous tracez l'image
Par l'éclat pur de vos vives couleurs.
Si vous séchez en commençant d'éclore,
Ou ne brillez souvent qu'un jour ou deux,
Votre parfum après vous dure encore,
De la vertu symbole précieux.

Le Chœur.

De l'Eternel, etc.

V.

Charmant ruisseau, qui, dans cette prairie,
En serpentant précipites ton cours,
Tel est, hélas! le cours de notre vie,
Comme les eaux s'écoulent nos beaux jours.
Tu vas te perdre à la fin de ta course,
Au sein des mers d'où jamais rien ne sort;
Et tous nos pas ainsi, dès notre source,
Toujours errans, nous mènent à la mort.

Le Chœur.

De l'Eternel, etc.

Pendant l'Eté.

HYMNE, N°. IX.

I.

O Dieu dont l'univers publie
Et les bontés et la grandeur;
Toi qui nous accordas la vie,
Reçois l'encens de notre cœur!
Laisse à tes pieds dormir la foudre,
Dont ton bras peut réduire en poudre

L'ingrat qui brise ton autel.
(*) De nos chants les cieux retentissent :
Sur des enfans qui te bénissent,
Abaisse un regard paternel.   *bis.*

I I.

Pour approndir ton essence,
Notre raison s'épuise en vain :
Les tems n'ont point vu ta naissance,
Les tems ne verront point ta fin.
Du haut de la céleste voûte,
Au soleil tu traces sa route ;
Tu contiens la fureur des mers.
(*) Ton feu rend la terre féconde,
Et ta main balance le monde
Dans l'espace immense des airs.   *bis.*

I I I.

Sourds à la voix de tes miracles,
Victimes de mille imposteurs,
Combien, sur la foi des oracles,
Les peuples ont commis d'horreurs !
Aux animaux impurs, aux vices,
Ils ont offert des sacrifices,
(*) Au refrain.

Où des flots de sang ont coulé.
(*) Dans des holocaustes barbares,
A des divinités bizarres,
L'homme fut par l'homme immolé.   *bis.*

IV.

Soutiens le faible qu'on opprime ;
Fais triompher la vérité ;
Pardonne, en punissant le crime,
Aux erreurs de l'humanité.
Donne aux magistrats la sagesse,
Le doux repos à la vieillesse,
Au jeune âge les bonnes mœurs.
(*) Entretiens le respect des pères,
La concorde parmi les frères,
Et ton culte dans tous les cœurs.   *bis.*

Pendant l'Automne.

HYMNE, N°. X.

I.

Dieu créateur, ame de la nature,
Reçois les vœux et l'encens des mortels.
Vois tes enfans adorer sans murmure
De ta bonté les décrets paternels.
(*) Nos chants, nos cœurs, voilà l'offrande pure,
Dont notre amour enrichit tes autels.   *bis.*

II.

L'ordre qui règne à la céleste voûte,
Prouve en tous lieux ta gloire et tes bienfaits.
C'est vainement que le pervers en doute,
Pour te cacher son cœur et ses forfaits :
(*) Il voit par-tout le témoin qu'il redoute ;
Ton œil vengeur confond ses noirs projets. *bis.*

III.

Dans les sentiers de l'orgueil et du vice,
Si nous avons la faiblesse d'errer,
Tu nous donnas au bord du précipice,
Un guide sûr, prompt à nous éclairer :
(*) A la raison que le cœur obéisse,
Et son flambeau ne pourra l'égarer. *bis.*

IV.

Blâmons l'erreur, mais plaignons le coupable,
Le ciel a seul le droit de le punir.
De la douceur que l'éloquence aimable,
En instruisant, pardonne sans haïr.
(*) L'art d'être heureux et d'aimer son semblable
Ah ! quel devoir est plus doux à remplir ! *bis.*

(*) Au refrain.

Pendant l'Hiver.

HYMNE, N°. XI.

Caractère de l'homme juste.

I.

Grand Dieu, dans ta gloire adorable
Quel mortel est digne d'entrer ?
Qui pourra, grand Dieu, pénétrer
Ce sanctuaire impénétrable,
Où le juste incliné, d'un œil respectueux,
Contemple de ton front l'éclat majestueux ?

II.

Ce sera celui qui du vice
Evite le sentier impur,
Qui marche d'un pas ferme et sûr
Dans le chemin de la justice ;
Attentif et fidèle à distinguer sa voix,
Intrépide et sévère à maintenir ses loix.

III.

Ce sera celui dont la bouche
Rend hommage à la vérité,

Qui

Qui, sous un air d'humanité,
 Ne cache point un cœur farouche ;
Et qui, par des discours faux et calomnieux,
Jamais à la vertu n'a fait baisser les yeux.

IV.

Celui devant qui le superbe,
 Enflé d'une vaine splendeur,
 Paraît plus bas, dans sa grandeur,
 Que l'insecte caché sous l'herbe ;
Qui, bravant du méchant le faste couronné,
Honore la vertu du juste infortuné.

V.

Celui, dis-je, dont les promesses
 Sont un gage toujours certain ;
 Celui qui d'un infâme gain
 Ne sait point grossir ses richesses ;
Celui qui sur les dons du coupable puissant
N'a jamais décidé du sort de l'innocent.

Troisième Partie de l'Exercice.

(Après le chant de l'hymne, un autre lecteur, lorsqu'il y en a deux, fait un discours de morale. Quand c'est un jour de fête particulière, il traite le sujet de la fête sous ses rapports moraux.

C

Après ce discours, qui doit être simple, et ne pas durer, autant qu'il est possible, plus de 10 à 15 minutes, on chante un hymne, plus particulièrement analogue à la saison ou au sujet de la fête.)

N°. XII.

HYMNE DU PRINTEMS.

(*Nota. Après les premiers jours du Printems, on chantera les deux premières Strophes en une seule, de la manière qui est indiquée au renvoi* (1), *en supprimant les vers marqués par des guillemets.*)

I.

Chantons le retour du Printems ;
Louons l'Auteur de la Nature :

---

(1) Chantons le retour du Printems ;
Louons l'Auteur de la nature :
Il ranime tout dans nos champs,
Au loin il chasse la froidure.
« Aux épais brouillards, aux frimats,
Succède une douce rosée,
Qui, fertilisant nos climats,
Rajeunit la terre épuisée.

Il ranime tout dans nos champs,
Au loin il chasse la froidure.
(*) » Le soleil pur et radieux,
 » Dorant nos côteaux et nos plaines,
 » D'un vif éclat charme nos yeux, } bis.
 » Et des fleuves brise les chaînes.

II.

» Par-tout il étend ses rayons;
» Et l'eau des neiges écoulées,
» Tombant de la cime des monts,
» Humecte le fond des vallées.
* Aux épais brouillards, aux frimats,
Succède une douce rosée,
Qui, fertilisant nos climats, } bis.
Rajeunit la terre épuisée.

III.

Les prés, les forêts, les vergers,
Tout prend une face nouvelle ;
Laboureurs, quittez vos foyers :
Aux champs la saison vous rappelle.
* Pour couronner vos longs travaux,
Que le ciel fasse, avec usure,
Germer, dans les guérêts nouveaux, } bis.
Les richesses de la Nature.
* Au refrain.

IV.

Tantôt s'élevant dans les airs,
Tantôt sous le naissant feuillage,
Au Dieu qui régit l'Univers
L'oiseau consacre son ramage.
* Sous divers attributs flatteurs
Déjà se montre l'abondance ;
Déjà nous voyons, sous les fleurs,
Des fruits la plus douce espérance. } bis.

V.

Grand Dieu, reçois de tes enfans
Les vœux et le sincère hommage :
Toûjours de tes riches présens
Puissent-ils faire un bon usage !
* Affermis la prospérité
D'un peuple qui t'aime et t'adore ;
Et que de l'immortalité
L'aimable Printems soit l'aurore. } bis.

* Au refrain.

HYMNE, N°. XIII.
DE L'ÉTÉ.

I.
Quels immenses trésors ! quelle pompe éclatante !
L'été brille : il échauffe, il féconde nos champs.
* Grand Dieu, pour tous les dons de ta main bien-
    faisante,
　　Reçois nos cœurs et notre encens.

II.
Dans nos rians jardins, la fleur qui vient d'éclore,
Charme l'œil, et répand une suave odeur :
* L'incarnat de ce fruit que le soleil colore,
　　Promet la plus douce saveur.

III.
Des feux brûlans du jour, de sa vive lumière,
Voyageur fatigué, veux-tu parer les traits ?
* Ces bois silencieux, leur ombre hospitalière,
　　Du repos t'offrent les attraits.

IV.
O Dieu puissant et bon, achève ton ouvrage !
Déjà l'épi doré penche sur les sillons.
* Des vents impétueux, des fureurs de l'orage,
　　Daigne garantir nos moissons.

　* Au refrain.

V.

˙ ˙vi tes présens et ta gloire :
els éclare ta grandeur.
˙reux , conserve la mémoire
˙e leur auteur.

E, Nº. XIV.
DE L'AUTOMNE.

I.

L'été s'enfuit, l'Automne qui commence
Rappelle du Printems le calme et les douceurs ;
   Mais des fruits l'heureuse abondance
   A remplacé le prestige des fleurs.
Du joyeux vendangeur la fatigue légère
Succède au long travail de l'ardente moisson :
* Le Ciel d'abord à l'homme offre un pain nécessaire ,
   Puis une agréable boisson.

II.

Bon laboureur , avant qu'un froid sévère
A tes champs, à toi-même ait prescrit le repos,
   Sors de ta paisible chaumière ;
   Viens achever tes utiles travaux.
   * Au refrain.

D'un tems encor serein saisis l'heure prospère;
Assure par tes soins la récolte à venir;
* D'une part de ses dons fais hommage à la terre !
   Il faut semer pour recueillir.

III.

Faibles humains, apprenons à connaître
Le prix de nos momens si rapides, si courts:
   Déjà nous regrettons peut-être
   Et le Printems et l'Été de nos jours.
Si le ciel indulgent nous accorde un Automne,
A réparer le tems que nous avons perdu,
* Hâtons-nous d'employer ce répit qu'il nous
      donne,
   Avant que l'Hiver soit venu.

HYMNE, N°. XV.

DE L'HIVER.

I.

L'Aquilon souffle sur la terre:
Autour de nos foyers oublions sa rigueur.
   Puisse leur flamme hospitalière,
   Eclairer un vrai sanctuaire
   Et de concorde et de bonheur!

I.

Si la saison qui rend sa force à la nature,
N'a point de ses trois sœurs la brillante parure,
  Plus riche encore en heureux attributs,
Elle appelle les arts, les talens, la sagesse,
Le repos, les plaisirs, l'amitié, la tendresse,
  La bienfaisance et les vertus.
       Le Chœur.
  L'Aquilon, &c.

I I.

Homme, donne en hiver des soins à ta famille,
Des leçons à tes fils, un époux à ta fille ;
  Délasse-toi par d'utiles loisirs.
Imite la Nature, elle n'est point oisive ;
Sous un voile de glace, elle est encore active,
  Comme aux jours des riants Zéphirs.
       Le Chœur.
  L'Aquilon, &c.

I I I.

Si le Ciel sous tes mains a placé l'abondance,
Qu'il sera doux pour toi d'offrir à l'indigence,
  Sa juste part de tes riches moissons !
La saison qui t'invite à placer à ta table,
A vêtir, réchauffer, soulager ton semblable,
  Est la plus belle des saisons.
       Le Chœur.
  L'Aquilon souffle, &c.

IV.

Dans cet ordre à la fois constant et variable,
Qui règle des saisons le concert admirable,
   Dieu bienfaisant, on reconnaît ta main.
Nous sentons approcher l'hiver de notre vie;
Mais d'un heureux printems, sûrs de la voir suivie,
   Nous nous endormons dans ton sein.

Le Chœur.

L'Aquilon, &c.

(Après le chant de l'hymne, le chef de famille qui a fait le discours, récite l'invocation pour la patrie :)

Grand Dieu ! protège notre patrie, et fais y régner la vertu, l'amitié, la paix et l'abondance.

Eloigne de nous les horreurs des combats, et puissions-nous, sans crainte et sans inquiétude, nous livrer à nos travaux, et nous en délasser par des plaisirs innocens !

Que la jeunesse conserve ses mœurs !

Que la mère de famille voie dans ses enfans sa parure la plus chérie !

Que les conseils du vieillard soient suivis, et que ses cheveux blancs soient respectés !

Que tous cherchent le bonheur dans la fidélité à remplir leurs devoirs, et trouvent dans le travail une facile subsistance !

Que les veilles de nos savans les conduisent à des découvertes utiles à la société !

Que nos magistrats ne s'écartent jamais des principes de la justice, de la sagesse et de la modération !

Daigne sur-tout, Dieu puissant,

et bon, daigne nous préserver des dissentions civiles! Amollis les cœurs endurcis par l'ambition, par la haine et par la vengeance. Que tous les citoyens fassent à la patrie (objet si cher à tous les cœurs généreux), qu'ils fassent à leur intérêt bien entendu, le sacrifice de tous sentimens qui pourraient les détourner de l'humanité, de la paix et de la concorde, de l'amour sacré des lois, du respect pour les magistrats! Que tous les cœurs soient embrâsés du saint amour de la patrie, et bientôt nous serons un peuple de frères (1).

Quant à nous qui sommes réunis

---

(1) On peut, pour abréger, terminer ici de tems en tems cette invocation.

ici pour t'adorer et pour nous porter mutuellement à la bienveillance envers nos semblables, nous déposons au pied de ton autel jusqu'aux moindres ressentimens ; nous te promettons de ne conserver aucuns souvenirs qui pourraient refroidir notre amour pour la patrie ; de voir nos frères dans tous nos concitoyens, quelles que soient leurs opinions ; de les ramener par une douce persuasion, si nous les croyons dans l'erreur, sans jamais nous laisser entraîner à la dispute ; et, si nous ne pouvons obtenir leur assentiment, de conquérir du moins leur estime, par notre sagesse, par notre modération, par notre esprit conciliateur et pacifique, par notre dévouement à la Patrie et à ses lois, et par l'exemple de toutes les vertus.

(Après l'invocation, on chante pendant les saisons du printems et de l'été, l'hymne suivant:)

HYMNE N°. XVI.

POUR LA PATRIE.

Sur le chant : *Père de l'Univers.*

I.

Père des nations, chéris toujours la France ;
Fertilise nos champs, protége nos remparts ;
Accorde-nous la paix et l'heureuse abondance,
    Et l'empire éternel des arts.   *bis.*

Le Chœur répète chaque strophe.

II.

Donne-nous des vertus, des talens, des lumières,
L'amour de nos devoirs, le respect de nos droits,
Une liberté pure, et des lois tutélaires,
    Et des mœurs dignes de nos lois,   *bis.*

(Dans les saisons de l'automne et de l'hiver, on chante l'hymne suivant qui est sur le même sujet :)

HYMNE, N°. XVII.

I.

Hommage, gloire à la Patrie,
A la nourrice des grands cœurs,
Source des talens, du génie,
Mère des vertus et des mœurs !
* L'amour de la Patrie éveille dans notre ame
Une nouvelle vie et de nouveaux ressorts :
Il nous ravit, il nous enflamme ;
Livrons-nous à ses doux transports.

II.

Tu nous fis tous pour être frères,
Et par des liens plus touchans,
Tu nous attachas à nos pères,
A nos femmes, à nos enfans.
* Mais, grand Dieu, quand ta main qui nous donna la vie,
Allume dans nos cœurs le feu du sentiment,

*, Au refrain.

C'est sur-tout à notre Patrie
Qu'elle consacre ce présent.

III.

Au-dessus du froid égoïsme
Les vertus élèvent un cœur ;
Mais l'élan du patriotisme
L'élève jusqu'au Créateur.
* Par trop d'amour pour soi notre ame est en-
gourdie,
L'excès en amitié nous égare à son tour.
Mais pour Dieu, mais pour la Patrie
On ne peut avoir trop d'amour.

IV.

Dieu puissant, donne à ma patrie,
Sagesse, paix et liberté !
Vois d'un grand peuple qui te prie
La touchante unanimité.
* L'accord de tant de cœurs unis en ta présence,
Est le plus digne encens que de faibles mortels
Au feu de la reconnaissance,
Puissent brûler sur tes autels.

Après le chant de l'hymne, le lecteur annonce la fin de l'exercice par la formule suivante : (1)

La *Fête religieuse et morale* est terminée.

Emportez dans vos cœurs les préceptes et les conseils que vous avez entendus.

Faites-en la règle de votre conduite, et vous serez heureux.

N'oubliez pas la résolution que vous avez prise devant Dieu, de travailler à devenir meilleurs.

Vivez de manière que votre conscience puisse vous rendre un bon

---

(1) Cette formule ne doit pas être lue chaque fois toute entière. On peut l'abréger en passant un ou plusieurs des alinéas compris entre deux parenthèses.

témoignage, quand vous viendrez, à la prochaine fête, offrir vos cœurs et vos dons à l'éternel, et vous examiner, en sa présence, sur les progrès que vous aurez faits dans la vertu.

(Nous ne vous demandons pas de déposer dans nos mains ce que vous pouvez consacrer au soulagement de l'indigence, et de nous rendre les dispensateurs de vos aumônes. Faites vous-mêmes tout le bien que vous pouvez faire. Conduisez vos enfans sous le toît du pauvre ; qu'ils essuient, avec vous, les larmes des malheureux ; et, qu'instruits par vous et par votre exemple, ils sachent de bonne heure, combien il est doux de secourir son semblable.

Venez assidûment à nos fêtes : amenez avec vous vos enfans, vos proches, vos amis, quelles que soient les nuances de leurs opinions. Ils n'entendront ici que des principes sur lesquels tous les peuples et toutes les sectes sont d'accord.

Que votre attention se porte, non sur nous, mais sur les préceptes que notre voix vous transmet. Dans une matière aussi grave, les individus ne sont rien, les principes sont tout; et nous ne sommes d'ailleurs que les échos des sages de tous les pays et de tous les siècles, qui se sont occupés du bonheur de l'espèce humaine.

Regretterons-nous de consacrer une heure sur plusieurs jours, à la plus importante de toutes les sciences, celle de nos devoirs ? Gardons-nous de dédaigner le culte extérieur ! Indépendamment de l'exemple que nous devons tous à la société, de notre respect pour la religion et pour la morale, ces deux filles du ciel, conservatrices du bonheur des états et des individus, l'homme le plus instruit et le plus sage a besoin d'être rappelé à la Divinité et à ses devoirs ; il a besoin de se réunir quelquefois avec ses frères, si non pour apprendre, du moins pour s'encourager au milieu d'eux, pour les encourager, par sa présence, à devenir meilleurs, et pour fortifier dans son ame l'amour de la vertu et l'horreur du vice.)

Employez le restant de cette journée en délassemens honnêtes, afin que vous puissiez demain reprendre vos occupations avec plus d'ardeur, et vous y livrer sans relâche jusqu'au prochain jour de repos.

Allez en paix, ne vous divisez pas pour des opinions, et aimez-vous les uns les autres.

CHAPITRE II.

Célébration de la naissance des enfans (1).

(A la fin de l'exercice qu'on abrége, et avant l'invocation pour la patrie, on présente l'enfant. Après les formules indiquées au Manuel, le chef de famille prononce le discours imprimé dans l'Année Religieuse, ou un autre, dans les mêmes principes.

Après le discours on chante l'hymne suivant :)

HYMNE, N°. XVIII.

Pour la présentation des enfans.

U<small>NE</small> créature nouvelle
Sort de ta bienfaisante main.

---

(1) Voyez le paragraphe III, chapitre III, du *Manuel.*

Dieu tout puissant, bénis en elle
Le fruit d'un vertueux hymen.
* Fais dans son cœur, avec la vie
Germer le sentiment, la raison, la vertu.
Puisse un jour cet enfant honorer sa Patrie,
Et s'applaudir d'avoir vécu !

II.

Enfant, tu parais sans défense ;
Mais Dieu lui-même est ton soutien.
Dans les bras de sa providence,
Endors-toi, sans redouter rien.
* Il t'a donné la tendre mère,
Qui t'invite à presser et son cœur et son sein ;
Ton père, tes parens, et la loi tutélaire,
Qui suffit au triste orphelin.

III.

O vous que le sang intéresse
Au sort de cet enfant chéri,
Puisse-t-il de votre vieillesse,
Devenir la gloire et l'appui !
* Sachez des dangers de l'enfance
Garantir cet objet si cher à votre cœur ;
Sur-tout ne souffrez pas que de son innocence
Le vice ose ternir la fleur.
* Au refrain.

(*Après le chant de cet hymne, le chef de famille fait l'invocation suivante :*)

De nos fils, Dieu puissant, protège l'existence!
Fais toujours à leur cœur aimer la vérité!
   Que leur enfance
   Dans l'innocence,
S'élève pour chérir la sainte humanité;
   Et que leur vie,
   Utile à la Patrie,
S'envole à son déclin vers l'immortalité!

CHAPITRE III.

Exercice des Enfans (1).

(Il commence comme le grand exercice du jour de repos. [Voyez page 3.]

Au lieu de l'invocation *Père de la nature*, le père de famille et les enfans, alternativement, récitent, debout et à haute voix, le *Cantique du matin* :)

CANTIQUE, N°. XIX.

Le père de famille.

I.

Bénissons dès notre réveil
Le Dieu qui nous rend la lumière.
C'est lui qui commande au soleil
D'avertir la nature entière
Qu'il est tems de sortir des langueurs du sommeil.

Le Chœur des enfans.

Bénissons, &c.

---

(1) Voyez le paragraphe IV, chapitre III, du *Manuel*.

I I (1).

Le père de famille.

Aux premiers feux du jour tout se meut, tout s'avive ;
L'oiseau reprend ses concerts enchanteurs ;
Des végétaux la séve plus active
Enfante des fruits ou des fleurs.
Le taureau nourricier, les coursiers voyageurs
Travaillent d'une ardeur plus vive.
Malheur à l'homme criminel
Qui, demeurant plongé dans l'indolence oisive,
Rompt cet accord universel !

Le Chœur.

Bénissons, &c.

I I I.

Le père de famille.

Dieu ! que ce jour qui nous éclaire,
Pour un père chéri, pour une tendre mère
Soit le jour le plus fortuné :
Qu'il ne soit pas empoisonné

---

(1) Cette seconde strophe ne se lit pas dans l'hiver.

Par

Par le triste souci, par la douleur amère;
    Mais que dans le cœur de leurs fils,
De leurs soins paternels ils reçoivent le prix.

Le Chœur.

Bénissons, &c.

I V.

Le père de famille.

Dans sa carrière glorieuse
De l'astre des saisons rien n'arrête le cours.
    Mes enfans! ainsi tous les jours,
Suivez de la vertu la trace radieuse.
Aimez-vous, aimons-nous; que le baiser de paix
    Devienne pour nous à jamais
    Le gage d'une vie heureuse.

Le Chœur.

Suivons de la vertu la trace radieuse.
Aimons nous tendrement, que le baiser de paix
    Devienne pour nous à jamais
    Le gage d'une vie heureuse.

V.

Le père de famille.

Reçois ce vœu consolateur,
Dieu qui nous vois des voûtes éternelles!

Daigne écarter de notre cœur
Le vice impur, et les haînes cruelles.
Des jours nouveaux, sans des vertus nouvelles,
Sont perdus pour notre bonheur.
Que nos momens soient pleins de notre bienfaisance ;
Tendons au malheureux une facile main.
Qu'il puisse comme nous aimer la providence ;
Et qu'il désire encore que nous vivions demain (1).

Le Chœur.

Bénissons, &c.

---

(1) Si les membres d'une même famille se réunissent chaque matin pour adresser leurs hommages à la divinité, pour s'encourager à la résignation, à la vertu, à la bienveillance, et pour entretenir dans leurs cœurs les sentimens d'affection mutuelle qui font le lien et le charme des familles, ils pourront réciter alternativement ce cantique, qu'ils feront précéder de l'invocation *Père de la nature*, page 7, jusqu'à ces mots: *daigne agréer.*

(Après la lecture de cet hymne, deux enfans récitent, alternativement, chaque question de *l'examen de conscience* :)

Examinons devant Dieu, si nous avons rempli tous nos devoirs.

Avons-nous cherché à profiter des leçons que nos parens et nos instituteurs nous donnent, afin de nous garantir des maux que produit l'ignorance ?

Nous sommes-nous laissés aller, soit à la gourmandise qui ruine la santé, soit à la paresse qui est la mère de tous les vices ?

Le soir, il sera utile qu'ils fassent également en commun l'*examen de conscience*, à la suite du quel ils feront l'invocation : *Père des humains, en passant en revue, &c.*, page 19. Voyez le paragraphe premier, chapitre III du *Manuel*.

Avons-nous pour les auteurs de nos jours et pour ceux qui nous donnent l'instruction, tout le respect, toute la déférence, le pieux attachement dont la nature et la reconnaissance nous font un devoir ?

Vivons-nous en paix et en bonne intelligence avec nos frères et sœurs, et avec nos camarades ?

Faisons-nous pour eux tout ce que nous voudrions qu'ils fissent pour nous ? Leur rendons-nous tous les petits services qui sont en notre pouvoir ?

Ne leur faisons-nous pas ce que nous ne voudrions pas qui nous fût fait ?

Sommes-nous sincères et vrais dans nos discours ?

(Des chœurs d'enfans chantent, alternativement, l'hymne de la piété filiale:)

HYMNE, N°. XX.

DE LA PIÉTÉ FILIALE.

I.

Si, pour les auteurs de nos jours,
Notre tendresse est vive et pure,
Enfans, nous les verrons toujours
Dans chaque objet de la nature.
Dieu lui-même aux yeux des mortels,
Aime à paraître comme un père.
* Et par ses bienfaits éternels,
La Providence est notre mère.

II.

Du soleil les feux bienfaiteurs
Viennent-ils réjouir la terre,
Nous voyons les naissantes fleurs,
Ouvrir leur sein à la lumière.
Il donne à leurs vives couleurs
Ce vif éclat qui sait nous plaire.
* Au refrain.

* C'est ainsi que nos jeunes cœurs
Sont éclairés par un bon père.

III.

L'arbre dont la tige a produit
Les fruits savoureux de l'automne,
Qui de sa sève les nourrit,
Quand leur germe à peine boutonne ;
Qui les couvre dans tous les tems,
Sous son feuillage tutélaire ;
* Cet arbre cher, pour nous, enfans,
Est l'emblême de notre mère.

IV.

Contemplons, sous des cieux brûlans,
Le cultivateur dans la plaine,
Qui se courbe et suit, à pas lents,
Un sillon qu'il ouvre avec peine.
Là naîtront les épis nouveaux
Qui seront un jour son salaire ;
* C'est ainsi que de ses travaux,
Nous devons payer notre père.

V.

De ses pleurs, au plus beau matin,
L'aurore humecte la prairie ;
*Au refrain.

Mais le jour qui naît de son sein,
Par un doux rayon les essuie.
Celle qui, du sein des douleurs,
Nous a fait naître à la lumière,
* Dont il faut essuyer les pleurs,
N'est-ce pas encore notre mère ?

(Le chef de famille interroge les enfans sur *l'Instruction élémentaire de morale*, et donne aux questions et aux réponses quelques développemens simples et à la portée de ses jeunes auditeurs.

Des chœurs d'enfans chantent ensuite *l'hymne de la jeunesse :*)

HYMNE, N°. XXI.

I.

Jette sur nous des yeux propices ;
Grand Dieu, protège des enfans,
Qui te consacrent les prémices
De leur amour et de leurs chants !
Les travaux constans de nos pères,

Les douces vertus de nos mères ;
Donnent un prix à leur encens ;

* Mais le tribut de l'espérance
Est le seul qu'à ton indulgence,
Puissent offrir nos jeunes ans. (*bis.*)

I I.

Du secret de ton existence,
Ce monde si grand et si beau
Nous révèle la connaissance
Dès que nous sortons du berceau.
Qui veut comprendre tes merveilles,
Perd, dit-on, en stériles veilles
L'effort d'un esprit curieux ;

* Mais pour admirer ta puissance,
Mais pour aimer ta bienfaisance,
Il ne faut qu'un cœur et des yeux. (*bis.*)

I I I.

La Nature te rend hommage,
Et son spectacle nous instruit.
Des oiseaux l'innocent ramage
Te salue et nous attendrit.
On les voit exempts de querelles,

(*) Au refrain.

Toujours joyeux, toujours fidèles,
S'aimer, s'entr'aider, vivre en paix.

* Nous suivrons ces guides aimables,
Nous chérirons tous nos semblables,
Et nous chanterons tes bienfaits. (*bis.*)

IV.

Au bonheur de notre naissance,
Combien n'as-tu pas ajouté,
Quand tu nous as fait dans la France,
Trouver Patrie et liberté !
Bonne et magnifique Patrie,
Liberté féconde et chérie,
Combien vos noms nous semblent doux !

* Nous vous recevons de nos pères,
Nous vous conserverons entières,
Nous mourrons, s'il le faut, pour vous. (*bis*)

(Le chef de famille fait aux enfans, après le chant de l'hymne, s'il ne l'a pas fait auparavant, en donnant les développemens, une lecture instructive, et aussi amusante que la gravité du lieu peut le permettre. Ces sortes de lectures doivent consister en dialogues, traits historiques, apologues ou leçons d'histoire naturelle, adaptés au sujet de morale qui a été traité dans cet exercice.

Il fait répéter par les enfans un abrégé de ce qui a été lu dans ce genre, à l'exercice précédent. Pour en donner la facilité, il communique cet abrégé par écrit, aux instituteurs, le jour ou le lendemain de chaque exercice, afin qu'ils le fassent apprendre à leurs élèves.

Il est bon aussi qu'il demande aux parens et aux instituteurs des notes sur les progrès des enfans dans la lecture, l'écriture, &c. sur la manière dont ils se comportent; qu'il publie ces notes, qu'il loue les uns, encourage les autres, et réprimande ceux dont on est mécontent. Cette pratique, qui a déjà lieu, soutient singulièrement l'émulation des enfans, pendant tout l'intervalle d'un exercice à l'autre, évite aux instituteurs la dure nécessité de punir, et produit les meilleurs effets.

L'exercice se termine par le chant de l'hymne pour la patrie, n°. XVI. page 49, *Père des nations, chéris toujours la France, &c.*

Après ce chant le père de famille dit :)

L'exercice des enfans est terminé. Pères et mères, instruisez vos enfans. Enfans, honorez vos pères et mères; obéissez-leur avec affection.

(Quand le cours d'instruction est terminé, on récompense, à la fin de l'exercice du jour de repos, qu'on abrége, et avant l'*Invocation pour la patrie*, les enfans dont on a été le plus content, ainsi qu'il est dit au paragraphe IV, chapitre III du *Manuel*. Après la distribution des prix, le chef de famille prononce le discours imprimé dans l'Année Religieuse, ou un autre, dans les mêmes principes. Après le discours, on chante l'hymne de la jeunesse, n°. XXII, page 67 : *Jette sur nous des yeux propices*, &c.

Après le chant, le chef de famille récite l'Invocation, page 58 : *De nos fils, Dieu puissant protège l'existence*, &c.)

CHAPITRE IV.

Célébration des mariages (1).

(Elle se fait à la fin de l'exercice qu'on abrége, et avant l'*Invocation pour la patrie*. Après les formules indiquées au *Manuel*, le chef de famille prononce le discours imprimé dans l'Année Religieuse, ou un autre, dans les mêmes principes. Après le discours, on chante l'hymne suivant :)

HYMNE, N°. XXII.

Sur le chant de l'*Hymne de l'Automne*.

I.

Gloire à l'hymen : que tout ici l'honore ;
O vous, pour qui ses feux viennent de s'allumer,
Vos plus beaux jours sont près d'éclore !
Heureux les cœurs que l'hymen peut charmer !

---

(1) Voyez le paragraphe v, chapitre iii, du *Manuel*.

E

L'inquiet célibat, tristement solitaire,
D'ennuis et d'amertume abreuve ses martyrs;
(*) Mais l'hymen est pour nous la source salu-
taire
Des vrais biens et des vrais plaisirs.

I I.

Nœud plein d'attraits, union consolante,
Tu relèves notre ame en ses plus grands revers:
De la fortune souriante
Par toi les dons nous deviennent plus chers:
Ta féconde douceur enfante les familles,
Fait naître les cités, enrichit les guérets;
(*) Nous te devons nos arts, les vertus sont tes
filles ;
Qui pourrait nombrer tes bienfaits ?

I I I.

Règne sur nous, règne auguste hyménée,
De la société père et conservateur.
Joins d'une chaîne fortunée
Ces cœurs brûlans d'une pudique ardeur.
De tant d'êtres divers que le plaisir inspire,
S'aimant, se recherchant, se fuyant tour-à-tour,
(*) L'homme seul te révère, et ton sublime em-
pire
Dans son cœur épure l'amour.

(*) Au refrain.

(Après ce chant, le chef de famille récite l'Invocation suivante :)

    Toi, qui du monde, à sa naissance,
    As créé l'ordre universel,
    Vois ces époux que l'espérance
    Amène au pied de ton autel !
    Soumis à tes lois protectrices,
    Nous te demandons leur bonheur ;
    Et nous mettons sous tes auspices,
    Leur hymen, nos vœux, et leur cœur.

CHAPITRE V.

Commémoration des décès (1).

(Elle se fait à la fin de l'exercice qu'on abrége, et avant l'*Invocation pour la patrie*. Après les formules indiquées au *Manuel*, le chef de famille prononce le discours imprimé dans l'Année Religieuse, ou un autre, dans les mêmes principes. On chante après le discours l'*hymne funèbre* :)

HYMNE N°. XXIII.

RÉCITATIF.

Humains, dans votre course errante et vaga-
bonde,
Chaque pas conduit à la mort.
Frêles vaisseaux, battus sur l'océan du monde,
Sachons du moins entrer au port.

---

(1) Voyez le paragraphe vi, chapitre iii, du *Manuel*.

CHANT.

I.

Le juste, plein d'espoir, ouvre à l'éternité
    Sa faible et paisible paupière ;
Et s'endort sous la main de la divinité,
    Comme un fils au sein de sa mère.

II.

Venez sur son tombeau, vous qui vous affligez,
    Venez jetter des fleurs nouvelles.
Ainsi que leur éclat, nos jours sont passagers,
    Mais les vertus sont immortelles.

(*On jette des fleurs sur l'urne, et le chef de famille dit :*)

Toi qu'a frappé la mort qui n'épargne personne,
Reçois nos derniers soins et nos derniers adieux.
    Aujourd'hui nous fermons tes yeux ;
    Demain pour nous l'heure fatale sonne.
Par l'exemple de ceux qui causent nos regrets,
Ah ! puissions-nous apprendre à mourir plus parfaits.

Fin des Hymnes pour les exercices généraux de la Théophilantropie.

SECONDE PARTIE.

Fêtes particulières.

OBSERVATIONS.

Tous les exercices, soit publics, soit domestiques, de la Théophilantropie, doivent avoir également pour but de rappeler l'homme à l'adoration de la divinité et à la pratique des vertus. Ce culte n'admet, par lui-même, aucunes fêtes particulières, parce qu'elles tendraient à faire de la Théophilantropie une secte, et à y introduire la superstition. Toutes les mythologies ne sont nées en effet que des hommages particuliers qu'on a voulu rendre, soit à des attributs de la divinité, ce qui, en ne la faisant considérer que sous certains rapports, en a donné des idées fausses, soit à des vertus isolées, ou même à des créatures, ce qui les a peu-à-peu divinisées dans les esprits crédules.

La Théophilantropie est le culte de la religion naturelle. Or la nature, toujours aussi simple que sublime dans sa marche, ne présente aucun système de fêtes particulières. Elle nous donne seulement l'occasion de célébrer diversement les bienfaits du créateur, suivant les différentes saisons de l'année, et les différentes époques de la vie humaine. Ainsi, en ne nous considérant que comme Théophilantropes, ou comme citoyens du monde entier, ce qui est la même chose, la première partie de ce rituel suffirait. Elle offre le système complet de la Théophilantropie universelle, qui, depuis bien des siècles, était un culte purement intuitif, et qui, au moyen de ce système, est devenu culte extérieur et pratique.

Mais si l'auteur de la nature a uni tous

les hommes par les liens d'une seule religion et d'une seule morale, liens précieux qu'il faut bien se garder de rompre, en introduisant des doctrines et des pratiques qui ne conviendraient pas à toute la famille du genre humain, il a voulu que cette grande famille fût divisée, pour l'administration politique, en plusieurs sociétés. Ces sociétés doivent avoir des institutions qui, sans détacher les citoyens de l'affection qu'ils doivent à leurs frères répandus sur tout le globe, leur inspirent un vif amour pour la patrie. Ce sont ces institutions nationales, que les Théophilantropes, amis de leur pays et de ses lois, autant par sentiment que par devoir, célèbrent, dans les exercices de leur culte, sous les rapports qu'elles ont avec la morale. Voilà les seules fêtes particulières qu'ils veulent et doivent avoir.

Il ne faut pas conclure de ces observations qu'on ne doive pas traiter la morale dans l'exercice du culte avec une certaine méthode. Il est au contraire à à souhaiter que les discours soient distribués, pour chaque jour de repos, de manière que leur ensemble fasse un cours suivi de morale ; et c'est ce que nous tâcherons de faire, en donnant une suite de discours dans ce sens. Mais il y a loin de cette méthode, que les orateurs peuvent déranger sans aucun inconvénient, à des institutions de fêtes, qui introduiraient dans ce culte simple et universel, des lithurgies, et à leur suite, la superstition, des schismes, &c.

D'après ces principes, indépendamment des institutions mentionnées dans la première partie de ce rituel, et qui sont relatives à la naissance, à l'instruction des enfans, aux mariages et aux décès, et des fêtes des quatre saisons qui sont :

Le 10 germinal, la *fête du Printems* ;
Le 10 messidor, la *fête de l'Eté* ;

Le 10 vendémiaire, la *fête de l'Automne* ;

Le 10 nivôse, la *fête de l'Hiver* ;

Les Théophilantropes de la république française célèbrent toutes les fêtes nationales. Voici celles qui sont dans les dispositions législatives :

Premier vendémiaire, *fête de la fondation de la république* ;

30 ventôse, *fête de la souveraineté du peuple* ;

10 germinal, *fête de la Jeunesse* ; (elle coïncide avec celle du *Printems.*)

10 floréal, *fête des époux* ;

10 prairial, *fête de la reconnaissance* ;

10 messidor, *fête de l'agriculture* ; (elle coïncide avec celle de l'*été.*)

10 thermidor, *fête de la liberté* ;

On célèbre également la liberté, sous ses rapports moraux, aux anniversaires du 14 juillet, du 10 août, et autres journées que la loi indique.

10 fructidor, *fête de la vieillesse.*

La célébration de ces fêtes consiste en chants et discours analogues, et quelques dispositions particulières, suivant les localités. Il faut qu'elles soient, pour ainsi dire, le prélude des fêtes nationales, et, qu'en sortant de l'exercice religieux, les citoyens puissent se rendre à la solemnité civique.

FÊTE DU PRINTEMS. (1)

On chante, après le discours, *l'hymne du Printems*, page 38.

FÊTE DE L'ÉTÉ.

On chante, après le discours, *l'hymne de l'Été*, p. 41.

FÊTE DE L'AUTOMNE.

On chante, après le discours, *l'hymne de l'Automne*, p. 42.

---

(1) On trouve, chez le citoyen Chemin, des discours pour toutes les fêtes.

Pendant tout le cours de ces trois saisons, où la nature déploie ses plus grandes richesses, et sur-tout dans les fêtes, les temples doivent participer à la brillante parure des campagnes. Autant le culte de la religion naturelle exclut toute décoration factice, autant il doit s'embellir des ornemens de la nature. Ces ornemens, et les chœurs de jeunes garçons et de jeunes filles, qui exécutent les hymnes, produisent un spectacle aussi intéressant pour l'ame que pour les yeux, et atteignent le vrai but de la Théophilantropie, qui est de porter à la vertu par les émotions les plus agréables, sans que les chefs de famille qui se chargent de l'instruction, aient d'autres rôles à remplir que ceux d'officiers de morale.

FÊTE DE L'HIVER.

On chante, après le discours, *l'Hymne de l'Hiver*, page 43.

(On trouve encore, dans cette saison, assez de verdure, et même de fleurs, pour n'avoir pas besoin de placer jamais rien d'artificiel sur l'autel de la nature.)

FÊTE

De la fondation de la république. (1)

On chante après le discours, *l'Hymne suivant* :

HYMNE, N°. XXIV.
DE LA RÉPUBLIQUE.

Sur le chant de *l'Hymne de la Paix.*

I.

Le grand jour où la liberté
Réduisit un trône en poussière,

---

(1) Comme cet hymne et les suivans ne sont chantés qu'aux jours de fêtes analogues, on les a presque tous adaptés au chant des hymnes de la première partie du rituel, afin qu'il n'y eût pas besoin d'étude pour les exécuter.

Et rendit à sa dignité
Le premier peuple de la terre :
* Sur nos devoirs et sur nos droits,
Le jour heureux qui nous éclaire ;
C'est lui que célèbrent nos voix :
De nos fêtes c'est la plus chère.

II.

Salut, honneur au nom Français,
A la République immortelle,
Qui doit aux peuples pour jamais
Servir de lien, de modèle !
* Vers sa naissance avec respect
Les yeux se tourneront sans cesse,
Et dans le plus lointain aspect,
Ils ne verront point sa vieillesse.

III.

A l'arbre de la liberté
Fournissons une sève active :
Par l'héroïsme il fut planté ;
Par les vertus on le cultive.
* Puissent dans mille fois mille ans,
Des fleurs encor parer sa cime !
Du bonheur de nos descendans
Goutons l'espoir tendre et sublime.
* Au refrain.

IV.

Moins imparfaits que leurs ayeux,
Nos petits-fils verront éclore
Des successeurs plus vertueux,
Que de meilleurs suivront encore.
* Puissant Auteur de l'univers !
Ta gloire assure ce présage :
Trop longtems on a vu des fers
Dégrader ton plus bel ouvrage.

FÊTE

De la souveraineté du peuple.

(On chante, après le discours, l'hymne suivant :)

HYMNE, N.º XXV.

Sur la chant du Départ.

I.

Du peuple souverain on proclame la fête;
　Français, par ce mot seul instruit,
Songe que libre enfin, tu dois de ta conquête
　Assurer la gloire et le fruit.
　Il n'est qu'un pouvoir légitime,
　Son but est l'ordre et le bonheur;

Le ravir au peuple est un crime ;
Lui seul en est dispensateur.
* D'une main ferme autant que sage,
Peuple français, défends tes droits :
Aux vertus porte ton suffrage, } bis.
Et respecte tes propres lois.

I I.

Il faut être bons fils, bons époux et bons pères
    Pour être de bons Citoyens ;
De ces affections si touchantes, si chères
    Resserrons les heureux liens.
    C'est par les vertus domestiques,
    C'est par l'innocence des mœurs,
    Qu'au grand art des vertus publiques
    Nous devons instruire nos cœurs.
* D'une main ferme, &c.

I I I.

Guerriers, que mille fois aux champs de la victoire
    Guida l'auguste liberté,
Affermissez son temple, il est pour votre gloire,
    Celui de l'immortalité.
    Pour garantir de toute atteinte
    Ce monument si précieux,
    Formez alentour une enceinte
    De vos lauriers majestueux.
* D'une main ferme, &c.

IV.

Peuple, quand tu diras : c'est de l'être suprême
    Que je tiens mon autorité ;
Dans la bouche des rois ce qui fut un blasphême,
    Sera pour toi la vérité.
    Tyrans, votre cause cruelle,
    Se fonda sur la trahison.
    La cause du peuple a pour elle
    Dieu, la nature et la raison.

* D'une main ferme, &c.

FÊTE DE LA JEUNESSE.

Cette fête, qui se célèbre avec celle du printems, est consacrée à la distribution des prix aux enfans et jeunes-gens dont on a été le plus content. Voyez la note qui est à la fin du chapitre III du *Rituel*, p. 71.

On chante, après le discours, *l'hymne de la Jeunesse*, page 67.

FÊTE DES ÉPOUX.

On chante, après le discours, *l'hymne du mariage*, page 73.

FÊTE
DE LA RECONNAISSANCE.

(On chante, après le discours, l'hymne suivant :)

HYMNE N°. XXVI.

Sur le chant de l'hymne n°. VIII, *De l'Eternel tout célèbre la gloire.*

I.

Si l'homme goûte un bonheur véritable,
En recevant, en rendant un bienfait,
C'est pour en faire un être sociable,
Que dans son cœur Dieu mit ce double attrait.

Ce Dieu puissant, ce Dieu de bienfaisance
Donne lui même et ne peut recevoir :
Ah ! tout au moins, de la reconnaissance
Sachons remplir envers lui le devoir.

Le chœur répète les quatre premiers vers de chaque strophe.

II.

Le créateur a répandu la vie
Sur tous les points de ce vaste univers,

Et, chaque jour, sa sagesse infinie
Veille au bonheur de tant d'êtres divers.

L'homme sur-tout, des mains de ce bon père,
Reçut des biens dignes de l'attendrir :
De la raison le flambeau salutaire,
Avec un cœur capable de sentir.

III.

Après ton Dieu, révère ta patrie;
Que la servir soit ta première loi :
Tu ne saurais faire en toute ta vie
Pour elle autant qu'elle aura fait pour toi.

Mortel! jamais pourrais-tu méconnaître
Ce que tu dois à la société?
Que serais-tu, si le sort t'eût fait naître
Dans un pays inculte, inhabité?

IV.

De nos guerriers célébrons le courage;
Français, leur sang fonda ta liberté.
Au magistrat, au juge intègre et sage,
Payons d'éloge un tribut mérité.

De nos savans chantons aussi les veilles;
Louons des arts les heureux inventeurs;

Mais attentifs à d'utiles merveilles,
N'oublions pas nos bons agriculteurs.

V.

Rendons hommage à la sage vieillesse,
Qui du passé nous transmet les trésors;
Encourageons la docile jeunesse,
Pour la patrie essayant ses efforts.

Homme, rends grâce au sexe doux, affable,
Dont les vertus respirent le bonheur.
Rends avec lui grâce à l'enfance aimable,
Dont l'innocence est un maître enchanteur.

FÊTE DE L'AGRICULTURE.

(On chante, après le discours, l'hymne suivant :)

HYMNE, N°. XXVII.

Sur le chant de l'Hymne : *De votre Dieu, de vos semblables.*

I.

Célébrons de l'agriculture
Les merveilles et les bienfaits :
Dans son sein, l'art et la nature
Viennent confondre leurs secrets.
C'est la nourrice universelle ;
Que ne doit-on pas à ses soins ?

Nous pouvons triompher par elle
Et des vices et des besoins.

II.

Homme, toujours aime et révère
L'art qui t'exerce et te nourrit :
Cet art est le seul nécessaire,
Et sans lui tout autre languit.
* Du commerce et de l'industrie
Il anime tous les ressorts,
Et le vaisseau de la patrie
Lui doit sa voile et ses trésors.

III.

Du Laboureur les mains actives
Font croître de riches moissons ;
Ses mœurs frugales et naïves
Offrent de touchantes leçons.
* Honneur à la charrue antique ;
Respect aux rustiques vertus :
De la prospérité publique,
Peuples, voilà les attributs.

IV.

Que la paix au foyer champêtre
Te ramène, ô brave guerrier :
L'épi que tes soins feront naître
Ajoute à l'éclat du laurier.
Au refrain.

* La terre à tes mains triomphantes,
　Semble obéir avec fierté ;
　Et tous les arbres que tu plantes,
　Sont des arbres de liberté.

V.

　Ce monde était rude et sauvage :
　L'homme naît, et Dieu lui prescrit
　D'orner, de soigner son ouvrage ;
　Il travaille, et tout s'embellit.
* Heureux travail ! à la Nature
　Un lien florissant t'unit :
　Ce lien, c'est l'agriculture ;
　Et l'abondance en est le fruit.

FÊTE DE LA LIBERTÉ.

(On chante, après le discours, l'hymne suivant :)

HYMNE, N°. XXVIII.

Sur le chant de l'Hymne : *Éternel, écoute nos chants.*

I.

　Mortel, jusqu'au dernier soupir,
　Que la liberté te soit chère :
　Ton plus digne soin sur la terre,
Est de la conserver et d'en savoir jouir.

II.

Souviens-toi que le Créateur
Te fit pour n'avoir point de maître;
Lui-même, si bien fait pour l'être,
Se dérobant aux yeux, ne commande qu'au cœur.

III.

Sur les vertus et sur les lois
La sainte liberté repose ;
A la perdre l'homme s'expose,
Sitôt qu'il méconnaît ses devoirs ou ses droits.

IV.

On est digne d'un si grand bien,
Lorsque l'on sait à la Patrie
Immoler tout, jusqu'à sa vie,
Lorsqu'au bonheur de tous on attache le sien.

FÊTE DE LA VIEILLESSE.

(On chante, après le discours, l'hymne suivant :)

HYMNE, N°. XXIX.

Sur le chant de *l'Hymne de l'hiver.*

Célébrons l'auguste vieillesse,
Objet de nos respects, de nos soins assidus,
Qui donne encore à la jeunesse

De grands exemples de sagesse,
Et de courage et de vertus.

Le Chœur.

Célébrons, &c.

I.

Tels que dans nos forêts, on voit d'antiques chênes
Elever fièrement leurs cimes souveraines
Bravant les coups et les efforts des vents :
Tels, au milieu de nous, ces vieillards honorables
Lèvent avec fierté leurs têtes vénérables
Que respecte la faulx du tems.

Le Chœur.

Célébrons, &c.

II.

Heureux qui voit, en paix, s'augmenter sa famille,
Qui tient sur ses genoux les enfans de sa fille,
Et sait jouir de leurs embrassemens !..
Tel est l'ordre éternel : une heureuse existence
Sera de la vertu la digne récompense ;
Le malheur attend les méchans !

Le Chœur.

Célébrons, &c.

III.

III.

Devant ces bons vieillards, chargés d'ans et de gloire,
Ces monumens vivans de notre antique histoire,
Enfans, courbez vos fronts respectueux :
Et vous, jeunes époux, qu'un tendre hymen engage,
Voulez-vous de vos fils vous assurer l'hommage ?
Rendez hommage à vos ayeux.

Le Chœur.

Célébrons, &c.

Les Théophilantropes célèbrent, par des discours et par des hymnes, la paix, et tous les grands événemens dont les amis de l'humanité et de la patrie ont à s'applaudir.

HYMNE, N°. XXX.

SUR LA PAIX.

Sur le chant de *l'hymne du Printems.*

I.

La Paix a chassé la douleur,
Et la gaieté succède aux larmes,
Le Français est par-tout vainqueur,
Tout a fléchi devant ses armes.

F

(*) Par-tout il voit la liberté
S'asseoir sur le char de la gloire ;
Et respirer l'humanité,
Sous l'auspice de la victoire.

II.

Enfin nous avons su fixer
Le bonheur au sein de la France :
Gardons-nous de le renverser,
Il nous coûte assez de souffrance.
(*) Etouffons nos ressentimens
Au fond de notre ame attendrie ;
Et de la paix brûlons l'encens
Sur les autels de la Patrie.

III.

Grand Dieu, qui couvres de bienfaits
Le peuple puissant qui t'adore,
Maintiens parmi nous cette paix
Que la victoire a fait éclore !
(*) Qu'au bonheur le Français rendu,
N'ait plus qu'à t'offrir son hommage ;
Qu'il soit chéri par sa vertu,
Comme il est craint par son courage !

IV.

Tu fis triompher nos guerriers,
Pour donner la paix à la terre ;
Ils ont, sur de brillans lauriers,
Enté l'olive salutaire.
(*) Puissent leurs immortels succès
Fonder une paix immortelle,
Et la liberté des Français
Etre inaltérable comme elle!

HYMNE D'ACTIONS DE GRACES.

N°. XXXI.

I.

Au Créateur gloire immortelle !
D'un œil toujours propice il a vu les Français :
De nos chants, inspirés par de nouveaux bienfaits,
  Que le tribut se renouvelle !
  Digne instrument de tes desseins,
Grand Dieu! fais que ce peuple honore ta puissance,
Qu'à servir, à louer ta sage providence,
  Il instruise tous les humains !

II.

Soleil, dont l'immense énergie
Anime l'Univers, balance les saisons,

Le Français attendri voit tes plus doux rayons
 Se diriger vers sa Patrie.
 Il aspire au destin flatteur
D'être avec toi nommé le bienfaiteur du monde.
Puisses tu ne rien voir en ta course féconde,
 Ni de plus grand, ni de meilleur !

I I I.

 Le Français, ennemi du crime,
Sera de la vertu le constant défenseur.
Il est bon, il est juste ; et, jamais oppresseur,
 Il ne souffre pas qu'on opprime.
 Combat-il pour sa liberté ?
Son bras est redoutable à l'égal du tonnerre :
A t-il conquis ses droits ? il répand sur la terre
 La paix et la sécurité.

I V.

 Peuples, cessez donc de vous plaindre,
Si le ciel a souvent protégé les Français.
Des seuls ambitieux redoutez les succès :
 Les nôtres ne sont point à craindre.
 C'est comme exemple et comme ami,
Que du milieu de vous s'élève un peuple libre.
Aimez-le, entr'aimez-vous, et de votre équilibre,
 Il sera l'heureux point d'appui.

V.

Jaloux, qui, parcourant la France,
Croyez y découvrir des amis au cœur faux,
Des comptables sans foi, des juges partiaux,
    Des magistrats pleins d'arrogance,
      Un père dur, des fils ingrats,
Une vierge immodeste, une épouse infidèle;
Au joug sacré des lois un citoyen rebelle,
    Ah ! puissiez-vous perdre vos pas!

VI.

    Puissent toujours nos paysages
Offrir à l'œil charmé de superbes sillons,
De limpides courans, et de riches vallons ;
    De frais et rians pâturages,
      Des bois saintement ménagés,
Des jardins, des vergers, des vignobles fertiles,
Et d'utiles canaux et des chemins faciles,
    Et point de terreins négligés !

VII.

    Puisse des arts et du génie
L'heureux enthousiasme inspirer les Français !
De chefs-d'œuvre sans nombre et d'utiles secrets,
    Ils enrichiront leur Patrie.
      En voyant tous les monumens
Que leur main triomphante a conquis à la France,

On dira : ce qui fut le prix de leur vaillance,
    Est effacé par leurs talens.

VIII.

    Par ta vigilante industrie,
Français, donne au commerce un essor précieux;
Que de la bonne-foi ton nom soit en tous lieux
    Une infaillible garantie.
    Contre un pouvoir dominateur,
La liberté des mers par mille voix t'implore;
Fais briller sur les flots ta flamme tricolore,
    Comme un trident libérateur.

IX.

    Vertu, qui sous le nom d'Astrée,
Eus jadis les respects de nos premiers ayeux,
Par le vice, dit-on, poursuivie en tous lieux,
    Tu quittas la terre éplorée.
    Reviens, douce vertu, reviens;
La France avec transport te desire et t'appelle;
Sois docile à sa voix, et, commençant par elle,
    Viens rendre heureux tous les humains.

Fin du Rituel.

TABLE
DU RITUEL.

Avis sur la dénomination de *Rituel*. P. 2
Première partie. Exercices généraux.
CHAPITRE PREMIER. Exercice du jour de repos. 3
Chant d'introduction, *Adorateurs*. 4
Formule d'introduction. 7
Invocation, *Père de la Nature*. Id.
Hymne. N°. II. *Quelle fête ô mes fils*. 10
Hymne, N°. III, *Père de l'Univers*. 13
Examen de conscience. 14
Invocation, *Père des humains*. 19
Hymne, N°. IV, *les Cieux instruisent la terre*. 21
Hymne, N°. V, *Suprême Auteur*. 24
Hymne, N°. VI, *Homme, adore*. 25
Hymne, N°. VII, *De votre Dieu de vos semblables*. 27
Seconde partie de l'exercice.
Hymne, N°. VIII, *de l'Éternel*. 28

Hymne, N°. IX, *ô Dieu, dont l'Univers.* 32

Hymne, N°. X, *Dieu Créateur.* 34

Hymne, N°. XI, *Grand Dieu, dans ta gloire.* 36

Troisième partie de l'exercice.

Hymne, N°. XII, *du Printems.* 38

Hymne, N°. XIII, *de l'été.* 41

Hymne, N°. XIV, *de l'automne.* 42

Hymne, N°. XV, *de l'hiver.* 43

Invocation pour la Patrie. 45

Hymne, N°. XVI, *pour la Patrie*, pour le printems et l'été, *Père des nations.* 49

Hymne, N°. XVII, sur le même sujet, pour l'automne et l'hiver, *Hommage, gloire à la Patrie.* 50

Formule pour la fin de l'exercice. 52

CHAPITRE II. Célébration de la naissance des enfans.

Hymne, N°. XVIII, *Une créature nouvelle.* 56
Invocation : *De nos fils, Dieu puissant,* 58

CHAPITRE III. — Exercice des enfans.

Hymne, N°. XIX. *Bénissons dès notre réveil.* 59
Examen de conscience des enfans. 63
Hymne, N°. XX. *De la piété filiale.* 65
Hymne, N°. XXI. *De la jeunesse.* 67
Observations sur *le mode d'instruction.* 69

CHAPITRE IV. Célébration des mariages.
Hymne, N°. XXII. *Gloire à l'hymen.* 73
Invocation : *Toi qui du monde.* 75

CHAPITRE V. — Commémoration des décès.

Hymne funèbre, N°. XXIII. *Humains, dans votre course.* 76

Seconde partie. Fêtes particulières.

Observations sur les fêtes particulières qu'il convient de célébrer dans la Théophilantropie. 78

Fête du Printems. 83
Fête de l'Été. *id.*
Fête de l'Automne. *id.*
Fête de l'Hiver. 84
Fête de la Fondation de la République. — Hymne, N°. XXIV. 85
Fête de la Souveraineté du Peuple. — Hymne, N°. XXV. 87
Fête de la Jeunesse. 89
Fête des Époux. *id.*
Fête de la Reconnaissance. — Hymne, N°. XXVI. 90
Fête de l'Agriculture. — Hymne, N°. XXVII. 92
Fête de la Liberté. Hymne N°. XXVIII. 94

Fête de la Vieillesse. Hymne, N°. XXIX. 95
Hymne, sur la Paix, N°. XXX. 97
Hymne d'Actions de graces. N°. XXXI. 99

Fin de la Table.

ERRATA.

Page 19, derniere ligne, désordre, *lisez* désordres.

Page 25, sixième ligne, lumières, *lisez* lumière.

Page 35, avant dernière ligne, et d'aimer, *lisez* est d'aimer.

Page 72, première ligne n°. XXII, *lisez* XXI.

Page 87, quatorzième ligne, la chant, *lisez* le chant.

www.ingramcontent.com/pod-product-compliance
Lightning Source LLC
Chambersburg PA
CBHW070247100426
42743CB00011B/2162